Der Kleine TaschenFreund

In dieser Reihe sind bisher erschienen:

Josef, sag ihnen, wir kaufen nichts!

ISBN 978-3-8157-9764-8

Josef, mach die Musik leiser!

ISBN 978-3-8157-5566-2

ISBN 978-3-8157-8487-7

Textsammlung: Kai König
Textsatz und grafische Gestaltung: Thorsten Saleina

Printed in Italy

www.coppenrath.de

Josef, es ist ein Mädchen!

Weihnachten mal anders

Illustrationen von Thorsten Saleina

COPPENRATH

Inhalt

Nicole Franz

Um Himmels willen

Eine Weihnachtsgeschichte

In der Krippe lag ein Mädchen. Fassungslos starrte Josef auf das winzige Neugeborene im Stroh.
Zuerst war Maria und ihm gar nicht aufgefallen, dass etwas Entscheidendes fehlte zum angekündigten Gottessohn. Kaum hatte sich das kleine Wesen aus Marias Bauch gekämpft und mit einem Schrei ins Dämmerlicht der Scheune befreit, waren sie zu überwältigt gewesen von Ehrfurcht und Erschöpfung.
Außerdem verließen sie sich doch auf das Wort eines Erzengels, wonach Maria einen Jungen zur Welt bringen würde, und wer waren sie, eine göttliche Prophezeiung in Frage zu stellen?
Aber als Josef das Kind hochgehoben hatte, um die Nabelschnur zu durchtrennen, stellte er fest, dass da wohl etwas nicht stimmte.

„Es ist ein Mädchen, Josef! Aber es muss ein Junge sein! Schau noch einmal genau nach, vielleicht ist er ja versteckt.“
Nein, es war ein Mädchen, gesund und kräftig.
„Wie sollen wir es denn jetzt nennen? Jesus kann sie ja nicht heißen“, witzelte Maria.
Aber Josef war nicht nach Späßen zu Mute.
„Er hat ganz sicher gesagt, es wird ein Junge!“
Auf einmal klopfte es an der Scheunentür. Sollten das etwa schon die Hirten sein? Oder die Heiligen Drei Könige? Josef hatte in der Aufregung völlig vergessen, dass mit der Geburt des Heilands (der Heiländerin?) der Trubel erst richtig losgehen würde.
„Wir sagen erst einmal gar nichts. Unter Umständen klärt sich das Ganze von allein auf“, konnte er Maria gerade noch zuraunen, bevor die Tür aufschlug. Dann drängten sich schon die ersten Schafe herein.
Draußen war es kalt, und im Nu hatten Herde

und Hüter den ganzen Raum ausgefüllt. Maria und Josef zogen sich in eine der hinteren Ecken zurück, einerseits weil sie an der Krippe ohnehin erst einmal nicht vermisst wurden, andererseits wegen des strengen Geruchs, den Tiere und Männer ausdünsteten.

Das Baby begann zu schreien. Die Hirten fielen ehrfürchtig auf die Knie. Auch Maria musste sich setzen. Sie hielt sich ihr Kopftuch vor die Nase. Josef schob ihr ein Bündel Stroh hinter den Rücken und versuchte, sie zu beruhigen. „Es heißt, Könige bringen zu solchen Gelegenheiten Weihrauch mit. Das wird den Gestank ein bisschen überdecken", sagte er.

Aber die Heiligen aus dem Morgenland ließen auf sich warten.

Die Hirten waren einfache Männer, die Tag und Nacht draußen verbrachten, ungewaschen und gesellig. Selten sah man sie ohne ihre Hunde. Nur wenige suchten ihre Nähe.

Wer allerdings wissen wollte, wie das Wagenrennen in Nazareth ausgegangen war oder der Ringkampf in Kapernaum, kam an ihnen nicht vorbei, denn sie streiften weit durch die Lande. Sie hatten oft den richtigen Riecher, wenn es um den neuen Champion im Kolosseum ging. Ihre Tipps waren begehrt und teuer. Sie zogen mit ihren Herden von Stadt zu Stadt, von Weide zu Weide, und kehrten gern ein, wo etwas los war: Wettkämpfe, Märkte, Steinigungen.
Seit Wochen hatte jeder Bewohner von Judäa, der nicht taub oder tot war, vom Schafhirten seines Vertrauens gehört, dass bald ein Erlöser geboren werden sollte, ein Gottessohn, der Retter der Welt.
Die Nachricht hatte eingeschlagen wie der Blitz in den Ölberg. Im Nu vertonten die ersten Straßenmusiker die Prophezeiung, wie immer in der Hoffnung, endlich unter die ersten drei

„Weisen aus dem Morgenland“ zu kommen, Winzer nannten ihre Weinsorten „Frucht Mariä“ oder „Josefs Bester“ und ein Seifenhändler sprach sogar frech von „unbefleckter“ Empfängnis dank seines Erzeugnisses.
Josef hatte der Aufruhr um den kommenden Heiland kaltgelassen. Er war Zimmermann, pragmatisch und skeptisch, auch in diesen Zeiten. Wunder erwartete er als Letzter. Bis er diesen Traum gehabt hatte. Danach war sowieso alles anders geworden.
Natürlich hatte Maria eine Weile gebraucht, bis sie begriff, dass sie den Herrscher der Welt im Leib trug, und seine Eltern hielten Josefs Geschichte von der nächtlichen Prophezeiung nach wie vor für das Resultat eines feuchtfröhlichen Richtfestes.
Aber Josef hielt von nun an die Ohren offen und versuchte mehr darüber herauszufinden, wie genau der neue Heiland auf die Welt kom-

men sollte. Schließlich wollte er alles richtig machen und der Prophezeiung des Engels keine Steine in den Weg legen.
Mit einem Hanfseil, in das sie in kleinen Abständen Knoten geschlungen hatte, kontrollierte Maria jetzt täglich ihren Leibesumfang. Josef tat vor Herzklopfen kaum ein Auge zu. Er kleidete sich sauberer und ordentlicher als sonst, hörte mit dem Rauchen auf und verabschiedete sich zu Marias Entzücken sogar von seiner Vorliebe, nach dem Frühstück länger als nötig an der Grube hinter dem Haus zu sitzen. Der Gedanke, vielleicht während seiner Morgensitzung vom Boten Gottes aufgesucht zu werden, um noch letzte Anweisungen zu erhalten, behagte ihm gar nicht. Für sein Gemüt war es schon eine Zumutung gewesen, so einem im Traum zu begegnen. Einen Traum wie diesen hatte er noch nie geträumt:

Er hatte im Haus seines Vaters gekniet und war dabei gewesen, einen Holzboden aus Zahnstochern zu verlegen. Hölzchen an Hölzchen fügte er zu einem komplizierten Muster, als auf einmal ein leibhaftiger Engel hinter ihm stand und sprach: „Josef, was, um Gottes willen, tust du da?"

Josef zuckte unwillkürlich zusammen. „Ich verlege Zahnstocher." Der Engel trat ein. Mit dem Saum seines langen Gewandes vernichtete er die Arbeit der letzten Stunden.

Während Josef noch darüber nachdachte, ob er träumte oder warum es ihn gar nicht irritierte, dass er Zahnstocher zu Parkett verarbeitete, erwiderte der Engel: „Du wurdest nicht geboren, um im Hause deines Vaters auf Knien herumzurutschen." Das leuchtete ihm irgendwie ein und so stand er auf. Da sprach der Engel weiter: „Geh hinaus zu deinem Weib, pack ein paar Sachen zusammen und sag deinen Eltern auf Wiedersehen. Es wird endlich Zeit, dass du für deine eigene Familie den Boden bereitest. Josef und Maria werden einen Sohn bekommen, und der wird sich auch um deinen Vater kümmern."

Josef sah die Zahnstocher zu seinen Füßen an. „Und was soll mit dem Parkett werden?" Ihm entging nicht der abschätzige Blick, den der Geflügelte auf den Boden warf, als er antwortete: „Josef, wahrlich, ich sage dir, nimm ein Hölzchen aus dem Stapel heraus, ohne dass ein anderes wackelt, und dir wird geholfen werden." Doch bevor Josef zu einem Zahnstocher greifen und ihn ganz herausziehen konnte, war er aufgewacht.

„Ich hätte bestimmt nicht gewackelt!" Im Stall war die Luft nicht besser geworden.

„Was sagst du?" Maria kämpfte sich mit einer dampfenden Schale Tee, die sie von den Hirten im Tausch gegen ein Stück Windel erworben

hatte, durch die Schafherde hindurch. Josef winkte ab. „Ach nichts. Ich musste nur eben an meinen Traum denken, weißt du, den mit der Prophezeiung."
Maria seufzte und legte sich das Strohbündel noch einmal zurecht, bevor sie sich neben ihn fallen ließ. „Ich hatte es mir auch anders vorgestellt, die Mutter Gottes zu sein. Irgendwie erhabener – war es denn wirklich nötig, nach Bethlehem zu wandern, um das Kind zu bekommen? Ich meine, es gab doch eine Menge leerer Wohnungen, in die wir hätten ziehen können … Und wo bleiben die Heiligen Drei Könige mit ihrem Weihrauch? Ich frage mich, wie die Kleine den Gestank erträgt!" – „Psst!", zischte Josef. In diesem Moment erbebte die Hütte.
Mit einem Satz waren alle Schafe auf den Beinen, Hirten und Hunde drängten sie nach draußen, Maria stürzte zur Krippe und riss ihre

Tochter heraus, bevor sie von der Stampede zu Boden geworfen wurde.
Erschrocken schnappte sich Josef die beiden und drängte sie wieder in eine Ecke. Dann sprang er durchs Fenster nach draußen. Es gelang ihm, den ältesten der Hirten am Ärmel zu fassen und zurückzuhalten. Das Geblöke der Tiere war ohrenbetäubend, er musste den Mund dichter an das Ohr des Mannes legen, als es seine Nase erlauben wollte. „Was ist los? Warum haut ihr alle auf einmal ab?“ Der Hirte aber zeigte nur Richtung Süden und schenkte ihm sein zahnloses Lächeln.
Dort, wenige hundert Meter von ihnen entfernt, über einer der benachbarten kleinen Scheunen, strahlte am Himmel ein wirklich eindeutig göttlicher Hinweispfeil. Das Innere der Hütte leuchtete so hell, dass Josef die drei kostbar gekleideten Männer vor der Krippe sofort erkannte.

Der Hirte klopfte ihm freundschaftlich auf die Schulter und eilte den anderen wieder hinterher. „Ihr habt euch geirrt? Aber ihr seid doch die Hirten! Ich dachte, auf eure Informationen ist Verlass? Ich dachte, ihr habt den richtigen Riecher?“, rief Josef ungläubig.
„Na ja, wir waren dicht dran!“, hörte er den Mann noch antworten. Josef setzte ihm ein Stück weit nach. „Wir haben ein Mädchen!“ Da blieb der Mann stehen, drehte sich noch einmal zu ihm um und lachte: „Und du hättest garantiert gewackelt.“

Frantz Wittkamp

Einnachten, Zweinachten

Einnachten, Zweinachten.
Deinnachten, Meinnachten.
Nur nicht Alleinnachten!
Bald schon Vorbeinachten.
Fröhliche Weihnachten!

Wladimir Kaminer

Der Supermann

Das neue Jahr ist die richtige Zeit, um sich selbst und anderen etwas zu wünschen.
Meinem Freund und Nachbarn Georgij wünschte ich Gesundheit ... und noch mehr Feingefühl seinen Nachbarn gegenüber, d. h., mich nicht mehr um zwei Uhr nachts anzurufen und in den Hörer zu schreien: „Schaut sofort aus dem Fenster! Es schneit!" Das will doch um die Zeit keiner wissen!
Georgij wünschte mir für das neue Jahr mehr Geselligkeit und noch mehr Hilfsbereitschaft in Bezug auf die Nachbarschaft. Vieles auf der Welt wäre nicht schief gegangen, wenn die Menschen bereit wären, einander zu helfen, sinnierte er. Vieles läuft auf der Welt schief, weil die Menschen gerne einander helfen, ohne vorher zu fragen, konterte ich.

Georgij vertrat aber eine andere Meinung, er fühlt sich für alles, was auf der Welt geschieht, verantwortlich und hat sogar die alte Fernsehserie „Superman“ auf Kassette.

Kurz vor Weihnachten waren wir zusammen in einen Porzellanladen in den Schönhauser-Allee-Arkaden gegangen, um dort eine Wodka-Karaffe für seinen Vater zu kaufen.

Der Laden war rappelvoll und das Porzellan fast ausverkauft, es gab nur noch mikroskopisch kleine Essigkaraffen für zwölf Euro. Trotzdem reihte ich mich in die Schlange vor der Kasse ein. Mein Freund beobachtete die ganze Zeit eine große rot-blau gestreifte Tasche, die herrenlos im Gang stand. Nach drei Minuten kam er zu dem Schluss, dass sich darin eine Bombe befand.

Unauffällig, um keine Panik zu verursachen, schnappte Georgij sich die Tasche, schrie „Alle raus hier!“ und lief an die frische Luft.

Die Menschen in der Schlange erstarrten und blieben auf ihren Plätzen. Nur zwei ältere türkische Frauen liefen Georgij hinterher. Sie beschimpften ihn auf Türkisch und wollten anscheinend ihre Bombe zurückhaben.
Mein Freund war aber schneller und schaffte es, die Tasche von der S-Bahn-Brücke runterzuschmeißen. Die Tasche platzte unten auseinander, und hunderte kleine Porzellanteile flogen in alle Himmelsrichtungen. Es war also eine Porzellanbombe.
Die türkischen Frauen schubsten Georgij und drohten ihm mit der Polizei. Sie wollten wahrscheinlich nicht ohne Bombe in ihre Terroristenzelle zurückkehren. Außer den Worten „Weihnachtsgeschenk“ und „Scheiße“ konnten wir nichts verstehen.
Aber alle Leute schauten misstrauisch in unsere Richtung, sie ahnten nicht, dass wir ihnen gerade das Leben gerettet hatten.

Georgij meinte, die echten Helden müssen immer im Schatten bleiben, so wie Superman eben, also hauten wir ab, bevor die Polizei auftauchte. Zu Hause wünschte ich ihm noch für das neue Jahr mehr Zurückhaltung und Toleranz.

Anonym

Lichterhelle Weihnachtszeit

1. Advent: Besinnlich und friedlich soll sie werden, die Vorweihnachtszeit. Habe das auch meinem Nachbarn erläutert, der mir darin voll zustimmt. Die kalte Witterung lässt die Gedanken klarer hervortreten, der Alltag mit seinen dummen Streitereien tritt zurück und macht wirklich Wichtigem Platz. Mein Nachbar hat mir erzählt, dass er in diesem Jahr seine Tanne im Garten mit hübschen Lichtern schmücken will. Wegen der Stimmung. Finde das toll.

5. Dezember: Seit gestern hat mein Nachbar einen Tannenbaum illuminiert. Kleine Lämpchen, circa 20 Stück, weiß. Sieht hübsch aus, sagt die ganze Nachbarschaft. Habe beschlossen, solidarisch an der weihnachtlichen Ausschmückung der Nachbarschaft mitzuwirken, und mich darum im Baumarkt nach kleinen Lämpchen umgesehen. Natürlich sollten es nicht zu wenige sein, wegen der Wirkung. Erstand kurzentschlossen eine 50er-Lichterkette mit extrastarken Lämpchen, brillantweiß. Werde sie gleich heute Abend montieren.

7. Dezember: Komische Sache. Mein Nachbar scheint meinen Wunsch zur gutnachbarlichen Zusammenarbeit zwecks Verschönerung der Straße missverstanden zu haben. Heute Morgen waren bei ihm sämtliche Tannenbäume, zwei Kirschbäume und eine Platane mit Lichterketten versehen. Eine flüchtige Zählung mit dem Feldstecher ergab im Durchschnitt circa 80 Lämpchen je Baum. Soll das etwa ein Wettkampf werden? Ist doch erwachsener Menschen unwürdig!

11. Dezember: Kam heute Mittag zufällig am Baumarkt vorbei. Wusste gar nicht, dass man bei Abnahme von 15 Lichterketten à 150 Leuchteinheiten Sonderrabatte erhält. Besonders effektvoll sollen blinkende Ketten sein, vorzugsweise die 250er-Einheiten mit Hochspannungssicherheitstransformator und induktivem Schalter. Will das Ganze aber nicht übertreiben, habe daher für die große Tanne lediglich zwei davon gekauft. Komme unter Einsatz von zwei Gummibäumen auf jetzt 14 illuminierte Gewächse. Ein Hauch des Friedens geht von meinem Garten aus.

13. Dezember: Eine Kampfansage! Mein verschwendungssüchtiger Nachbar hat den kompletten Zaun mit Leuchtkörpern behängt. Circa 1000 rhythmisch blinkende Lampen in den geschmacklosesten Farben. Was für eine proletarisch-billige Form der Weihnachtsbeleuchtung! Das bestätigte mir auch mein Elektriker, der an unserer Fassade Leuchtsterne und biblische Motive angebracht hat und meinte: „Wenn schon Beleuchtung, dann aber mit leuchtstarken Halogenstrahlern wie diesen hier!“

16. Dezember: Die rhythmisch blinkenden Figuren an sämtlichen Fenstern des Nachbarn verursachen mir seit Tagen schlimme Kopfschmerzen, die auch bei Betrachtung meiner neu angebrachten 5000 Watt Lichtbogenhimmelsstrahler nur unwesentlich besser werden. Sie werfen rhythmisch zuckende Lichtfinger in den wolkenverhangenen Himmel und geben einen interessanten Kontrast zu den lasergesteuerten Beamern, die auf die Wolken grell leuchtende Bilder mit Szenen aus der Weihnachtsgeschichte malen. Dagegen sind die neu installierten Lauflichter an den

Fassadenkanten des Hauses meines intriganten Nachbarn geradezu lächerlich.

19. Dezember: Hatte heute Besuch eines Technikers der städtischen Stromwerke, der den enormen Anstieg meines Stromverbrauchs für einen Defekt im Leitungssystem hielt. Unsere Unterhaltung wurde stark gestört durch das elektrische Glockenspiel auf dem Nachbargrundstück, das mit 38 Kupferglocken die bekanntesten 40 Weihnachtslieder erklingen lässt. Der Techniker empfahl mir, einen 20KV Industrietrafo einbauen zu lassen und im Abrechnungssystem auf eine Gewerbeabrechnung für mittelgroße Betriebe umzusteigen, wegen der günstigeren Grundgebühren. Beim Weggehen meinte er kopfschüttelnd, ob ich nicht etwas gegen dieses Glockengeläut unternehmen wolle. Zeigte ihm meine neuen 2000 Watt Außenlautsprecher mit Ultra-

Subwoofern und die zugehörige Abspielstation für die CD mit dem Lied „Stille Nacht“. Gehe heute Abend auf Sendung.

20. Dezember: Habe einen weiteren Beamer installiert, der auf das Garagentor die Neuverfilmung der Geschichte Christi projiziert. In Reserve halte ich noch eine Kopie des Films „Die zehn Gebote“. Da kann mein geschmackloser Nachbar mit seinen Außenlautsprechern und dem Hörspiel der Weihnachtsgeschichte natürlich einpacken, zumal der Schneewerfer auf meinem Dach durch die erzeugten Schneemengen alle Geräusche stark zu dämpfen pflegt. Mehrere strategisch angebrachte Heizstrahler halten meine beleuchteten Gartenbäume schneefrei.

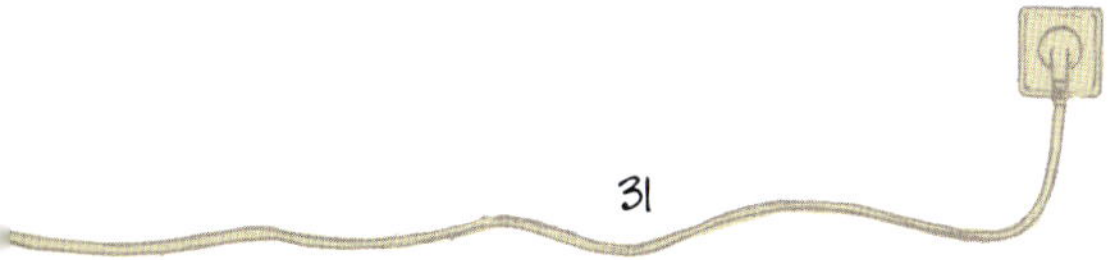

22. Dezember: Die Menschenmassen in unserer Straße nehmen langsam unübersehbare Ausmaße an. Dabei kann ich voller Stolz feststellen, dass das Ausblasen von feinen Silbersternen vor dem Haus die allgemeine Bewunderung auf diese Seite der Straße konzentriert. Da kann auch das Rentiergespann meines Nachbarn nichts dran ändern. Zumindest seit ich einen Stand für Getränke und Gebäck eingerichtet habe.

24. Dezember: Etwas Merkwürdiges ist passiert. Die Stadtverwaltung hat alle weihnachtlichen Zurschaustellungen in meiner Straßc verboten, mit dem völlig irrelevanten Argument, hier werde ein nicht genehmigter Weihnachtsmarkt abgehalten. Bin fassungslos. Und das an Weihnachten, dem Fest des Friedens und der Besinnung!

Christine Nöstlinger

Advent, Advent ...

Advent, Advent,
der Weihnachtsmann kennt
eine alte Frau, die strickt aus Resten
ganz abscheuliche Westen.
Liefert ihm jährlich drei Stück davon,
ganz gratis, nur für Gotteslohn!
Klar, dass er das Zeug nicht ablehnen kann,
wär zu unhöflich vom Weihnachtsmann.
Aber warum kriege ich zu allen Festen
die drei schockabscheulichen Westen?
Will auch mal Diesel oder Replay tragen,
hab's satt, dass mich die Kinder fragen:
„Was hast du denn heut Komisches an?"
Sei nett, gütiger Weihnachtsmann,
hab dir das Zeug lang genug abgenommen,
lass es heuer bitte wem andern zukommen.

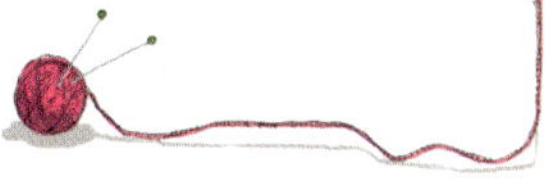

ROHES F

Anonym

A Weihnachtssong

When the snow falls wunderbar
und the children happy are,
when there's Glatteis on the street
and we all a Glühwein need,
then you know, es ist so weit:
She is here, the Weihnachtszeit.
Every Parkhaus ist besetzt,
weil die people fahren jetzt
all to Kaufhaus, Shoppingmarkt,
kriegen nearly Herzinfarkt.
Buying hirnverbrannte things
and the Christmasglocke rings.

Merry Christmas, merry Christmas,
hear the music, see the lights,
frohe Weihnacht, frohe Weihnacht,
merry Christmas allerseits …

Mother in the kitchen bakes
Schoko-, Nuss- and Mandelkeks.
Daddy in the Nebenraum
schmückt a Riesen-Weihnachtsbaum.
He is hanging auf the balls,
then he from the Leiter falls…
Finally the Kinderlein
in the Zimmer coming rein.
And es sings the family
schauerlich: Oh, Christmastree!
And then jeder in the Haus
is packing the Geschenke aus.

Merry Christmas, merry Christmas,
hear the music, see the lights,
frohe Weihnacht, frohe Weihnacht,
merry Christmas allerseits …

Mama finds under the Tanne
eine brandnew Teflon-Pfanne,
Papa gets a Schlips and Socken,
everybody does frohlocken.
Christmaskrams runs on TV,
all around is Harmonie,
bis mother in the kitchen runs:
Im Ofen burns the Weihnachtsgans.
And so comes die Feuerwehr
with tatütata daher,
and they bring a long, long Schlauch
and a lange Leiter auch.
And they schreien: Wasser marsch!
Christmas leider is im Eimer …

Merry Christmas, merry Christmas,
hear the music, see the lights,
frohe Weihnacht, frohe Weihnacht,
merry Christmas allerseits!

Christoph Drösser

Der Weihnachtsmann bringt die Geschenke, stimmt 's?

Stimmt. Es gibt natürlich die ewig besserwissenden Zeitgenossen, die meinen, mit hochwissenschaftlichen Argumenten gegen Kinderträume angehen zu müssen. Im Internet, das ja bekanntlich hauptsächlich von fantasielosen Naturwissenschaftlern bevölkert wird, kursiert ein anonymes Pamphlet mit dem Titel: „Gibt es den Weihnachtsmann?“ Darin werden schwerwiegende Argumente gegen die Existenz des guten Mannes vorgebracht. Unter der Annahme, dass der Weihnachtsmann am Weihnachtstag 91,8 Millionen christliche Haushalte zu besuchen hat, müsste er 822,6 Familien pro Sekunde beglücken, er hat also für jede Familie eine gute Tausendstelsekunde Zeit. Die Gesamtentfernung, die der Weihnachtsmann dabei zurückzulegen hat, beträgt 120 Millionen Kilometer. Das schafft er nur, wenn sein Schlitten mit über tausend Kilometer pro Sekunde durch die Luft fliegt, also mit dreitausendfacher Schallgeschwindigkeit. Wenn man dazu noch annimmt, dass auf dem Schlitten für jedes Kind ein Geschenk von einem Kilogramm Gewicht liegt, dann hat der Schlitten eine Last von 326.400 Tonnen zu tragen. Um die zu ziehen, werden selbst unter optimistischen Annahmen 213.200 Rentiere benötigt. Der gesamte Konvoi muss bei dieser Geschwindigkeit gegen einen enormen Luftwiderstand anbrausen, ähnlich wie eine Raumkapsel, die in die Atmosphäre eindringt. Die Folge: Die Ren-

tiere gehen praktisch augenblicklich in Flammen auf und verglühen innerhalb von fünf Tausendstelsekunden. Der Weihnachtsmann selbst muss beim Anfahren Kräfte aushalten, die dem 17.500-fachen der Erdbeschleunigung entsprechen – er würde praktisch auf seinem Sitz zerquetscht. Fazit des Machwerks: „Wenn der Weihnachtsmann irgendwann einmal die Geschenke gebracht hat, ist er heute tot."
So weit die Blasphemie. Zum Glück gibt es aber auch noch Menschen, die trotz naturwissenschaftlichen Wissens die Fähigkeit zu glauben nicht verloren haben und beides sogar miteinander in Einklang bringen können. Und so fand sich denn ein Professor mit Namen Ted Davis, der die These vom toten Weihnachtsmann elegant widerlegen konnte. Sein Argument: Bei der gesamten Berechnung wurden die Quantenphänomene außer Acht gelassen, die in diesem Fall relevant werden. Wenn die

Geschwindigkeit, die Richtung und die Masse des Schlittens so präzise bekannt sind, dann zeigt eine elementare Anwendung der Heisenbergschen Unschärferelation, dass der Ort des Weihnachtsmannes zu einem gegebenen Moment nicht exakt zu bestimmen ist. Der Weißbärtige ist ebenso über die Erdoberfläche „verschmiert" wie ein Elektron auf seiner Bahn um den Atomkern. Er kann sich also tatsächlich an mehreren Orten gleichzeitig befinden, wie uns ja auch seit jeher die Erfahrung lehrt. Der Professor führt sogar noch aus, dass aufgrund gewisser relativistischer Formeln der Weihnachtsmann an manchen Orten zu einem Zeitpunkt ankommen kann, der vor seiner Abfahrt liegt. Aber auch ohne dieses etwas spekulative Detail kann man guten Gewissens sagen: Jawohl, der Weihnachtsmann bringt die Geschenke. Wo sollen sie auch sonst herkommen?

Erich Fried

Drei Wünsche

Ich wollte manchmal
Ich wäre so erfahren
Wie ich alt bin
Oder auch so klug
Wie ich erfahren bin
Oder wenigstens so glücklich
Wie ich klug bin
Aber ich glaube
Ich bin zu dumm dazu.

Das Weihnachtsessen

Ich kann Weihnachten nichts essen. Also ich könnte schon, aber ich kann nicht. Ich krieg es nicht hin. Jedes Jahr versuch ich es aufs Neue. Das kann doch nicht so schwer sein! Alle anderen können es auch. Und ich hätte halt so gerne mal ein richtiges Weihnachtsessen.

Aber da fängt es ja schon an! Was ist denn bitte ein richtiges Weihnachtsessen? Wie soll ich mich auf Ente mit Klößen und Rotkohl freuen, wenn ich weder Klöße noch Rotkohl mag? Wenn ich es nicht mag, kann es auch kein Weihnachtsessen sein, weil man doch an Weihnachten etwas essen sollte, was man wirklich gerne isst. Etwas Besonderes.

Hab ich versucht. Es gab Tacos und Enchiladas,

die zum Selberrollen. Alles war bunt und mexikanisch geschmückt. Ich hatte sogar die passende Musik dazu. Es war auch ein sehr netter Abend. Nur leider überhaupt nicht weihnachtlich. Man kann am 24. Dezember nicht mexikanisch essen, wenn man so etwas wie Weihnachtsgeist im Leib hat.
Und das habe ich. Das habe ich wirklich! Ich kann es sogar beweisen:
Meine Freundin Luise und ich, wir backen in der Adventszeit immer Plätzchen.
Irgendwelche aus Fertigteig, wichtig ist nur, dass meine Kinder sie ausstechen können. Und unsere Liste ist wichtig. Da stehen Regeln drauf. Dinge wie:
Du sollst Prosecco trinken.
Du sollst eine Schürze tragen.
Du sollst ununterbrochen Weihnachtslieder hören.
Du sollst Mehl an der Nase haben.

Und dann backen wir und die Kinder stechen aus, bis sie keine Lust mehr haben und Luise und ich alleine in der Küche übrig bleiben. Wir trinken noch mehr Prosecco und reden über Männer und Kinder und den Sinn des Lebens, der ja irgendwo dazwischen liegen muss. Die Plätzchen werden fertig – das ist das Schöne an Plätzchen, dass man sie nach zehn Minuten schon aus dem Ofen holen kann. Wir probieren sofort und verbrennen uns die Lippen dabei. Es riecht nach Zimt, die Weihnachts-CD von Rolf Zuckowski läuft das dritte Mal durch, ich hätte längst Abendbrot machen müssen. Aber wir trinken Tee und noch ein letztes Gläschen Prosecco und tunken Fertigteigplätzchen in heiße, glänzende, geschmolzene Schokolade. Verzieren und reden und lachen und vergessen die Zeit. Das ist für mich Weihnachten. Aber ich kann am Heiligen Abend doch nicht nur Plätzchen essen!

Wochen vor Weihnachten bringen alle Zeitschriften Weihnachtsmenüs raus. Da gibt es Trüffelkaninchenkeule an Wirsingpfirsichparfait. So was würde ich auch unheimlich gerne mal kochen, aber doch nicht an Weihnachten! Ich will am 24. Dezember „Warten aufs Christkind“ im Fernsehen schauen und geheimnisvoll mit Geschenkpapier rumrascheln. Ich will in die Kirche gehen und allen lieben Nachbarn eine Kleinigkeit vor die Tür legen. Dann muss ich noch für meine Kinder das Christkind spielen, also heimlich alle Geschenke unter den Baum legen, Kerzen anzünden und Glöckchen läuten. Das Liederbuch muss am Klavier bereitliegen, der Hund muss eine goldene Schleife tragen. Da hab ich wirklich keine Zeit, auch noch drei Stunden in der Küche zu stehen.

Deshalb gibt es ja bei vielen Familien Würstchen mit Kartoffelsalat. Das ist aber nichts für

mich. Es ist mir nicht festlich genug. Es gibt kein Weihnachtsessen, das zu uns passt. Die Schweinelendchen voriges Jahr waren mein letzter Versuch. Mein Mann und ich fanden die auch lecker und festlich. Das hilft aber nichts, wenn drei Kinder am Tisch sitzen, die aussehen, als würden sie das Essen gleich wieder auf den Teller spucken.
Ich hab trotzdem eine Lösung: Ich glaube an Traditionen. Es ist ab sofort ganz einfach bei uns Tradition, dass wir an Weihnachten nicht wissen, was wir essen sollen. Traditionell werde ich also irgendetwas kochen, was wir dann alle nicht wirklich mögen.
Wenn wir lange genug am Tisch in unserem Weihnachtsessen rumgestochert haben, setzen wir uns unter den Baum und essen schließlich doch die selbst gebackenen Plätzchen.
So viel Weihnachtsgeist muss sein!

Anonym

Rezept für Weihnachtsgebäck

1 Tasse Wasser
1 Tasse Zucker
4 große Eier
2 Tassen getrocknete Früchte
1 Teelöffel Backpulver
1 Teelöffel Salz
1 Tasse brauner Zucker
Saft von einer Zitrone
Nüsse
1 Flasche schottischer Whisky

Rezept
für Weihnachtsgebäck

Öffnen Sie den Whisky und prüfen Sie ihn auf seine Qualität.

Nehmen Sie eine große Schüssel. Versuchen Sie den Whisky erneut! Um sicher zu sein, dass es sich um die beste Qualität handelt, füllen Sie eine Tasse randvoll und trinken sie aus.

Werfen Sie anschließend den elektrischen Mixer an und schlagen Sie eine Tasse voll Butter in der Schüssel schaumig. Fügen Sie einen Teelöffel Zucker hinzu und schlagen Sie weiter.

Stellen Sie sicher, dass der Whisky noch immer o. k. ist! Versuchen Sic cine weitere Tasse. Schalten Sie den Mixer aus. Werfen Sie zwei Eier in die Schüssel und schmeißen Sie die Tasse mit den getrockneten Früchten hinterher. Mixen Sie den Schalter wieder an. Falls Sie die gefrüchteten Trockene zu klebrig werden, lösen

Sie sie mit einem Schraubendreher. Schmecken Sie das Backpulver ab und prüfen Sie den Whisky auf seine Färbung zu checken. Als nächstes sieben Sie zwei Tassen Salz oder etwas Ähnliches. Was soll's? Prüfen Sie den Whisky!

Nun hacken Sie den Zitronensaft klein und pressen Sie die Nüsse aus. Fügen Sie einen großen Löffel Rizinusöl hinzu und rühren mit dem Zeigefinger kräftig durch.

Löffel vom Zucker oder so. Irgendeinen werden Sie doch in Ihrer Küche finden, verdammt noch mal!

Fetten Sie den Ofen ein. Drehen Sie die Kuchenform auf 350 °C. Vergessen Sie nicht, den Schalter abzumixen. Schmeißen Sie die Schüssel aus dem Fenster. Trinken Sie den Rest Whisky und gehen Sie zu Bett.

Jürgen Spohn

Schicksal

Schokoladenweihnachtsmänner haben ein schweres Schicksal. Vor Weihnachten wollen sie keinem schmecken, weil sie als Dekoration und für die Stimmung gebraucht werden.
Nach Weihnachten wollen sie keinem schmecken, weil Weihnachten vorbei ist und die ersten Osterhasen Anlauf nehmen. Und wenn dann Mitte Februar doch mal einer gegessen wird – dann nur, weil nichts anderes da ist.

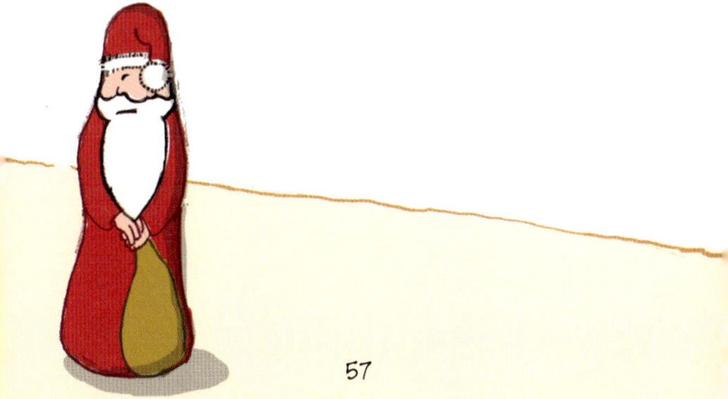

Interview mit dem Weihnachtsmann

Eine vorweihnachtliche Betrachtung

Es hatte schon wieder geklingelt. Das neunte Mal im Verlauf der letzten Stunde! Heute hatten, so schien es, die Liebhaber von Klingelknöpfen Ausgang. Mürrisch trollte ich mich türwärts und öffnete.

Wer, glauben Sie, stand draußen? Sankt Nikolaus persönlich! In seiner bekannten historischen Ausrüstung. „Oh“, sagte ich. „Der eilige Nikolaus!“ – „Der Heilige, wenn ich bitten darf. Mit h!“ Es klang ein wenig pikiert. „Als Junge habe ich Sie immer den eiligen Nikolaus genannt. Ich fand’s plausibler.“ – „Sie waren das?“ – „Erinnern Sie sich denn noch daran?“ – „Natürlich! Ein kleiner hübscher Bengel waren Sie damals!“

„Klein bin ich immer noch.“ – „Und nun wohnen Sie also hier.“ – „Ganz recht.“ Wir lächelten resigniert und dachten an vergangene Zeiten. „Bleiben Sie noch ein bißchen!“, bat ich. „Trinken Sie noch eine Tasse Kaffee mit mir!“ Er tat mir, offen gestanden, leid.

Was soll ich Ihnen sagen? Er blieb. Er ließ sich herein. Erst putzte er sich am Türvorleger die Stiefel sauber, dann stellte er den Sack neben die Garderobe, hängte die Rute an einen der Haken, und schließlich trank der Weihnachtsmann mit mir in der Wohnstube Kaffee.

„Zigarre gefällig?“ – „Das schlag ich nicht ab.“ Ich holte die Kiste. Er bediente sich. Ich gab ihm Feuer. Dann zog er sich mit Hilfe des linken den rechten Stiefel aus und atmete erleichtert auf. „Es ist wegen der Plattfußeinlage. Sie drückt niederträchtig.“ – „Sie Ärmster! Bei Ihrem Beruf!“ – „Es gibt weniger Arbeit als früher. Das kommt meinen Füßen zupaß. Die

falschen Nikoläuse schießen wie die Pilze aus dem Boden.“
„Eines Tages werden die Kinder glauben, daß es Sie, den echten, überhaupt nicht mehr gibt.“ – „Auch wahr! Die Kerls schädigen meinen Beruf! Die meisten von denen, die sich einen Pelz anziehen, einen Bart umhängen und mich kopieren, haben nicht das mindeste Talent! Es sind Stümper!“ – „Weil wir gerade von Ihrem Beruf sprechen“, sagte ich, „hätte ich eine Frage an Sie, die mich schon seit meiner Kindheit beschäftigt. Damals traute ich mich nicht. Heute schon eher. Denn ich bin Journalist geworden.“ – „Macht nichts“, meinte er und goß sich Kaffee zu. „Was wollen Sie seit Ihrer Kindheit von mir wissen?“ – „Also“, begann ich zögernd, „bei Ihrem Beruf handelt es sich doch eigentlich um eine Art ambulanten Saisongewerbes, nicht? Im Dezember haben Sie eine Menge Arbeit. Es drängt sich

alles auf ein paar Wochen zusammen. Man könnte von einem Stoßgeschäft reden. Und nun ..." – „Hm?" – „Und nun wüßte ich brennend gern, was Sie im übrigen Jahr tun!" Der gute alte Nikolaus sah mich einigermaßen verdutzt an. Er machte fast den Eindruck, als habe ihm noch niemand die so naheliegende Frage gestellt. „Wenn Sie sich nicht darüber äußern wollen ..." – „Doch, doch", brummte er. „Warum denn nicht?" Er trank einen Schluck Kaffee und paffte einen Rauchring. „Der November ist natürlich mit der Materialbeschaffung mehr als ausgefüllt. In manchen Ländern gibt's plötzlich keine Schokolade. Niemand weiß wieso. Oder die Äpfel werden von den Bauern zurückgehalten. Und dann das Theater an den Zollgrenzen. Und die vielen Transportpapiere. Wenn das so weitergeht, muß ich nächstens den Oktober noch dazunehmen. Bis jetzt benutze ich den Oktober ei-

gentlich dazu, mir in stiller Zurückgezogenheit den Bart wachsen zu lassen."
„Sie tragen den Bart nur im Winter?" – „Selbstverständlich. Ich kann doch nicht das ganze Jahr als Weihnachtsmann herumrennen. Dachten Sie, ich behielte auch den Pelz an? Und schleppte 365 Tage den Sack und die Rute durch die Gegend? Na also. – Im Januar mache ich dann die Bilanz. Es ist schrecklich. Weihnachten wird von Jahrhundert zu Jahrhundert teurer!" – „Versteht sich." – „Dann lese ich die Dezemberpost. Vor allem die Kinderbriefe. Es hält kolossal auf, ist aber nötig. Sonst verliert man den Kontakt mit der Kundschaft." – „Klar." – „Anfang Februar lasse ich mir den Bart abnehmen."
In diesem Moment läutete es wieder an der Flurtür. „Entschuldigen Sie mich, bitte?" Er nickte. Draußen vor der Tür stand ein Hausierer mit schreiend bunten Ansichtskarten

und erzählte mir eine sehr lange und sehr traurige Geschichte, deren ersten Teil ich mir tapfer und mit zusammengebissenen Ohren anhörte. Dann gab ich ihm das Kleingeld, das ich lose bei mir trug, und wir wünschten einander auch weiterhin alles Gute. Obwohl ich mich standhaft weigerte, drängte er mir als Gegengeschenk ein halbes Dutzend der schrecklichen Karten auf. Er sei, sagte er, schließlich kein Bettler. Ich achtete seinen schönen Stolz und gab nach. Endlich ging er.

Als ich ins Wohnzimmer zurückkam, zog Nikolaus gerade ächzend den rechten Stiefel an. „Ich muß weiter", meinte er, „es hilft nichts. Was haben Sie denn da in der Hand?" – „Postkarten. Ein Hausierer zwang sie mir auf." – „Geben Sie her. Ich weiß Abnehmer. Besten Dank für Ihre Gastfreundschaft. Wenn ich nicht der Weihnachtsmann wäre, könnte ich Sie beneiden."

Wir gingen in den Flur, wo er seine Utensilien aufnahm. „Schade“, sagte ich. „Sie sind mir noch einen Teil Ihres Jahreslaufs schuldig.“ Er zuckte die Achseln. „Viel ist im Grunde nicht zu erzählen. Im Februar kümmere ich mich um den Kinderfasching. Später ziehe ich auf Frühjahrsmärkten umher. Mit Luftballons und billigem mechanischem Spielzeug. Im Sommer bin ich Bademeister und gebe Schwimmunterricht. Manchmal verkaufe ich auch Eiswaffeln in den Straßen. Ja, und dann kommt schon wieder der Herbst – und nun muß ich wirklich gehen.“

Wir schüttelten uns die Hand. Ich sah ihm vom Fenster aus nach. Er stapfte mit großen, hastigen Schritten durch den Schnee. An der Ecke Ungerstraße wartete ein Mann auf ihn. Er sah wie der Hausierer aus, wie der redselige mit den blöden Ansichtskarten. Sie bogen gemeinsam um die Ecke. Oder hatte ich mich getäuscht? Eine Viertelstunde danach klingelte es schon wieder. Diesmal erschien der Laufbursche des Delikatessengeschäftes Zimmermann Söhne. Ein angenehmer Besuch! Ich wollte bezahlen, fand aber die Brieftasche nicht gleich.

„Das hat ja Zeit, Herr Doktor", meinte der Bote väterlich. „Ich möchte wetten, daß sie auf dem Schreibtisch gelegen hat!" sagte ich. „Nun gut, ich begleiche die Rechnung morgen. Aber warten Sie noch, ich bring Ihnen eine gute Zigarre!" Die Kiste mit den Zigarren fand ich auch nicht gleich. Das heißt, später fand ich sie ebensowenig. Die Zigarren nicht. Die Brieftasche auch nicht. Das silberne Zigarettenetui war auch nicht zu finden. Und die Manschettenknöpfe mit den großen Mondsteinen und die Frackperlen waren weder an ihrem Platz noch sonstwo. Jedenfalls nicht in meiner Wohnung.

Ich konnte mir gar nicht erklären, wohin das alles geraten sein mochte. Es wurde trotzdem ein stiller hübscher Abend. Es klingelte niemand mehr. Wirklich, ein gelungener Abend. Nur irgendetwas fehlte mir. Aber was? Eine Zigarre? Natürlich! Glücklicherweise war das goldene Feuerzeug auch nicht mehr da. Denn das muß ich, obwohl ich ein ruhiger Mensch bin, bekennen: Feuer zu haben, aber nichts zum Rauchen im Haus, das könnte mir den ganzen Abend verderben!

Erich Kästner

Der Weihnachtsabend des Kellners

Aller Welt dreht er den Rücken,
und sein Blick geht zum Protest.
Und dann murmelt er beim Bücken:
"Ach, du liebes Weihnachtsfest!"

Im Lokal sind nur zwei Kunden.
(Fröhlich sehn die auch nicht aus.)
Und der Kellner zählt die Stunden.
Doch er darf noch nicht nach Haus.

Denn vielleicht kommt doch noch einer,
welcher keinen Christbaum hat,
und allein ist wie sonst keiner
in der feierlichen Stadt.

Dann schon lieber Kellner bleiben
und zur Nacht nach Hause gehen,
als jetzt durch die Straßen treiben
und vor fremden Fenstern stehn.

Andreas Sticklies

Es gibt keinen Weihnachtsmann

Es war vor genau neun Jahren, na ja fast. Auf jeden Fall hatte ich die Sache mit dem Weihnachtsmann seit einiger Zeit durchschaut und konnte diese Schauspielerei nur mit einem müden Lächeln quittieren. Schließlich war ich schon zehn, und da weiß man, wie das Karnickel hüpft.

Traditionell, wie in jedem Jahr, bereiteten wir uns auf die heilige Weihnachtszeit vor. Kekse wurden gebacken, ein Weihnachtsbaum gekauft, Lametta gebügelt und die Christbaumkugeln poliert. Meine Aufgabe war es, Kerzen vorzubrennen, damit sie sich am Baum schneller entzünden ließen. Diese Zündelei lag genau in meinem Interessengebiet.

Ich kokelte gerne mit Feuer, wie wahrscheinlich die meisten Kinder in dem Alter.
Der Heilige Abend rückte nah und näher und schließlich war es so weit. Mutter machte Kartoffelsalat, Vater schmückte den Baum und ich schaute im Fernsehen „Wir warten aufs Christkind". Ich wusste genau, was jetzt kam. Vater würde verschwinden, weil er angeblich noch was aus dem Keller holen musste, und Mutter würde darauf achten, dass ich im Wohnzimmer blieb. Dann würde Oldie als Weihnachtsmann verkleidet zur Türe hereinkommen mit einem Sack voller Geschenke und sie mit einem tiefen „HO, HO, HO" unter den Christbaum legen. Anschließend müsste ich wieder ein Gedicht aufsagen. Ich nahm immer das mit den Adventskerzen: „Advent, Advent, ein Lichtlein brennt..." Schließlich kämen wieder meine Sünden zur Sprache und von mir der Schwur, mich zu bessern.

Da ich nun aber Bescheid wusste, hatte ich mich auch nicht mehr groß an meine Versprechen des vorausgegangenen Jahres gehalten, also noch weniger als sonst. Habe den Lehrern das Leben schwer gemacht und mich auf die faule Haut gelegt. Hatte mich auch erstmalig in einigen Supermärkten und Kaufhäusern selbst bedient, ohne zu bezahlen.
Das Leben war einfach und bequem. Ich spielte mit dem Gedanken, eine Art Verbrecherkarriere zu beginnen, denn es gab ja, meinen neuesten Erfahrungen nach, keine höheren Mächte, die mich in der Hölle schmoren lassen konnten oder so. Und wenn man mich erwischen sollte – na ja, ich war ja noch minderjährig, was sollte also groß passieren.
Dann war es wieder so weit, die Uhr schlug sechs – aber – etwas schien anders als sonst. Und richtig, diesmal verschwanden „beide“ noch mal kurz in den Keller.

Ich schaute ihnen nachdenklich hinterher, als ich hinter meinem Rücken ein tiefes „HO, HO, HO“ vernahm. Wie vom Blitz getroffen fuhr ich herum.
Da stand der Weihnachtsmann vor mir. Aber wo kam er her? Durch die Wohnungstür waren ja gerade meine Eltern verschwunden und einen anderen Zugang zu unserer kleinen 50 m^2 Wohnung gab es nicht. War er durchs Fenster gekommen?
Er streckte die rechte Hand aus und sein Zeigefinger, der in einem roten Handschuh steckte, deutete auf mich. Dann erhob er ihn und bewegte ihn ein paarmal hin und her. Der kostümierte Mann sagte dabei keinen Ton, und trotzdem fühlte ich mich ertappt und schuldig. Dann trat er hinter die Übergardine.
Ich hörte hinter mir die Stimme meines Vaters: „Stefan, wir wissen, dass du es weißt, also werden wir dir auch nichts mehr vorspielen!“

Ich drehte mich zur Tür. Mein Vater stand vor meiner Mutter mit einem roten Kostüm über dem Arm. Ich war noch immer verwirrt und konnte nur ein „Da!“ hervorbringen, gleichzeitig zeigte ich auf den Vorhang.
„Was da?“, fragte meine Mutter irritiert.
Ich schaute wieder zum Fenster – da war nichts. Ich trat näher heran und schob den Stoff beiseite – nichts. Ich schaute in die beiden angrenzenden Zimmer – nichts.
Meine Eltern meinten später, ich hätte eine rege Fantasie, habe vielleicht in einem Sekundenschlaf alles geträumt oder zu viel ferngesehen. Ich habe einige Monate gebraucht, um selbst zu dieser Einschätzung zu kommen. Sicherheitshalber habe ich aber seitdem keine krummen Dinger mehr gedreht …

Hier nicht !!!

Heinz Erhardt

Winter

Wenn die Blätter von den Bäumen stürzen,
die Tage täglich sich verkürzen,
wenn Amsel, Drossel, Fink und Meisen
die Koffer packen und verreisen,
wenn all die Maden, Motten, Mücken,
die wir versäumten zu zerdrücken,
von selber sterben – so glaubt mir:
Es steht der Winter vor der Tür!
Ich lass ihn stehen!
Ich spiel ihm einen Possen!
Ich hab die Tür verriegelt
und gut abgeschlossen!
Er kann nicht rein!
Ich hab ihn angeschmiert!
Nun steht der Winter vor der Tür – – –
und friert!

Edith Schreiber-Wicke

Weihnachtspost

Novalis saß am Fenster und schaute den Schneeflocken zu. Sie sahen hübsch aus, aber er wusste genau: Wenn man sie fing, waren sie erst kalt, dann nass und dann weg. Außerdem musste man dazu ins Freie gehen, und dort war es derzeit äußerst ungemütlich. Es machte mehr Spaß, im warmen Zimmer zu sitzen und die wirbelnden Dinger mit den Augen zu verfolgen.

Tina kam, um Novalis zu streicheln. Ein wenig ungeduldig wich er aus. Dass die Menschen nie bemerkten, wenn eine Katze anderwärts beschäftigt war ... Besonders die ganz kurzen Menschen, wie Tina einer war.

„Ich schreib einen Brief ans Christkind", sagte Tina zu Novalis. „Weil ich mir nämlich eine Menge Sachen wünsche. Und die muss man dem Christkind aufschreiben, sonst vergisst es womöglich was."

Novalis hörte aufmerksam zu. Das interessierte ihn. Wünsche hatte er nämlich auch. Tina nahm ein Stück Papier und begann, blaue Zeichen draufzumalen.

Novalis hätte gern gewusst, wer dieses Christkind war. Und wo. Und warum es Wünsche erfüllte. Jedenfalls musste es ziemlich schlau sein, wenn es die Zeichen verstehen konnte, die Tina aufs Papier kritzelte. Novalis schaute mit schiefgelegtem Kopf zu. Ich will auch einen Brief schreiben, dachte er. Und er begann, in Gedanken zu formulieren:

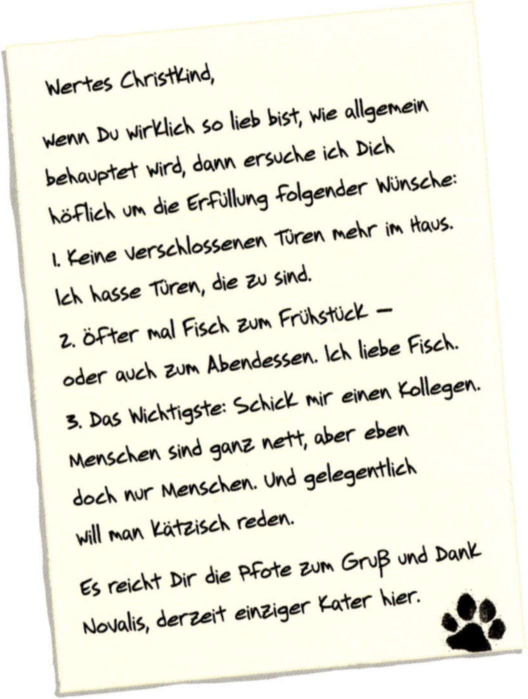

Wertes Christkind,

Wenn Du wirklich so lieb bist, wie allgemein behauptet wird, dann ersuche ich Dich höflich um die Erfüllung folgender Wünsche:

1. Keine verschlossenen Türen mehr im Haus. Ich hasse Türen, die zu sind.

2. öfter mal Fisch zum Frühstück – oder auch zum Abendessen. Ich liebe Fisch.

3. Das Wichtigste: Schick mir einen Kollegen. Menschen sind ganz nett, aber eben doch nur Menschen. Und gelegentlich will man Kätzisch reden.

Es reicht Dir die Pfote zum Gruß und Dank

Novalis, derzeit einziger Kater hier.

So, dachte Novalis. Jetzt muss ich nur noch ein Zeichen auf ein Papier bringen. Das gehört offensichtlich dazu.

Er versuchte es mit einem von Tinas Schreibstiften. Aber das Ding war nicht für Katzenpfoten gedacht. Es rollte über den Tisch und fiel auf den Boden. Tina sagte etwas Unfreundliches zu Novalis.

Beleidigt ging Novalis ins Nebenzimmer. Einer von den großen Menschen saß da und zeichnete schwarze Striche auf ein weißes Papier. Die schwarze Farbe kam aus einem kleinen Tiegel, wie Novalis feststellte. Papier lag auch genug herum. Vorsichtig tauchte Novalis eine Pfote in den Tiegel und setzte sie dann auf weißes Papier.

„Ausgesprochen schön“, stellte er fest. „Das wird dem Christkind bestimmt gefallen.“

Die laute, aufgeregte Stimme des Menschen schreckte ihn aus seiner Beschäftigung. „Lass das, du Untier. Troll dich da! Ausgerechnet ans Tuschfass muss er! Dieser Kater kostet mich meine letzten Nerven!“

Novalis flüchtete und reinigte seine schwarze Pfote am Vorzimmerteppich.
Menschen!, dachte er verstimmt. Haben einfach von nichts eine Ahnung. Grollend zog er sich unter ein Sofa zurück und versuchte, seine noch immer schwarze Pfote mit der Zunge zu säubern.

Auf einer geräumigen Wolke saßen mehrere Engel und sortierten Briefe.
„Was sich die Menschen so alles wünschen!“, sagte einer der Engel kopfschüttelnd.
„Weiß jemand, was ein Computerspiel ist?“, rief ein anderer.
„Keine Ahnung“, sagte ein dritter. „Noch nie gehört. Wie ich neu hier war, haben sich die Kinder Märchenbücher und Zuckerwerk vom Christkind gewünscht. Allerhöchstens einmal warme Winterschuhe.“
„Oh, was haben wir denn da?“ Einer der Engel

hob ein weißes Papier mit schwarzen Pfotenabdrücken hoch. „Der Absender muss eine Katze sein. Das kommt nicht oft vor. Kann wer zufällig die Katzenschrift lesen?"
„Der Oberpostengel!", rief jemand.
Und so landete der Brief mit den schwarzen Pfotenspuren auf einer rosaroten Eilwolke, die für den Oberpostengel bestimmt war.
„Du lieber Himmel, ein Brief von einer Katze! So was hab ich zuletzt vor mehr als dreihundert Jahren in den Händen gehabt", brummte der Oberpostengel. Er setzte eine goldgefasste Brille auf und studierte eine Weile die schwarzen Spuren auf dem Papier. „Keine Chance", murmelte er schließlich, „das muss an allerhöchster Stelle erledigt werden." Er gab den Brief einem Express-Engel, der soeben vorbeiflog.
Das Christkind nahm gerade einen Stapel Post aus dem Fach mit der Aufschrift „Unmögliches". So ganz nebenbei fiel sein Blick auf das

Blatt Papier, das der Express-Engel abgegeben hatte. Das Christkind lächelte ... Wenig später lag der Wunschzettel, den Novalis geschrieben hatte, in der Abteilung „Genehmigt".
Versehen mit der eigenhändigen, allerhöchsten Unterschrift.

Novalis war wieder einmal beleidigt. Sie ließen ihn nicht auf den Tannenbaum klettern, den sie im großen Zimmer aufgestellt hatten.
Sie schimpften, weil die Silberbälle alle zerbrochen waren. Er hatte doch nur ausprobiert, ob wenigstens einer hüpfen konnte. Und von den Glitzerfäden am Baum war ihm schrecklich schlecht geworden. Jetzt lag er unter dem Sofa und nahm übel.
Weihnachten ist blöd, dachte er. Nie wieder schreib ich dem Christkind einen Brief.
Die großen Menschen stapelten Pakete rund um den Tannenbaum. Es raschelte interessant,

und Novalis kam unter dem Sofa hervor. Aber jetzt war es ihnen wieder nicht recht, dass er anfing, auszupacken. Obwohl er das mit seinen Krallen wirklich hervorragend konnte.
„Das ist kein Kater, das ist eine Katastrophe“, sagte einer der Menschen.
Novalis verstand nicht genau, was damit gemeint war. Aber dass es nichts Freundliches war, merkte auch der dickfelligste Kater. Und Novalis war nicht besonders dickfellig.
Er ging, um bei Tina Trost zu suchen. Die Zimmertür war wieder einmal zu. Auch das noch. Und niemand reagierte auf seine empörte Beschwerde. Zur Strafe kratzte er am Spannteppich. Dann legte er sich in eine Schachtel unter dem großen, gemauerten Ofen und beschloss, Weihnachten zu verschlafen. Nach Katzenart schlief er auch tatsächlich sofort ein. Novalis wachte von Tinas Stimme auf. „Novalis ist weg. Ich find ihn nirgends“,

beklagte sie sich. „Ohne ihn kann man doch nicht Weihnachten feiern.“ Novalis fühlte sich verstanden, gähnte zufrieden und kam aus seinem Versteck.
„Wir lesen noch eine Weihnachtsgeschichte, bis es dunkel ist“, sagte einer der großen Menschen.
„Komm zuhören, Novalis!“, rief Tina. „Geschichten sind fein.“
Na gut, weil Weihnachten ist, dachte Novalis friedfertig und legte sich neben Tina aufs Sofa. Der Mensch mit der tiefen Stimme begann, aus einem dicken Buch vorzulesen.
Den Anfang der Geschichte versäumte Novalis, weil er versuchte, eine Fliege zu fangen. Aber dann hörte er zu. Es war alles ganz furchtbar traurig. Nirgends wollte man Josef und Maria einen Schlafplatz und was zu essen geben. Wo es doch so kalt draußen war. Novalis war nicht ganz sicher, ob mit Josef und Maria Menschen oder Katzen gemeint waren. Das machte aber

auch keinen Unterschied. Nicht einmal einen Menschen durfte man bei so einem Wetter fortjagen! Er schüttelte sich bei dem Gedanken an Schnee, Kälte und Hunger.

„Seid barmherzig, lasst uns ein", las der große Mensch.

Novalis stellte die Ohren auf. Irgendwas scharrte an der Tür. „Packt euch fort, hier ist kein Platz für euch", las der Mensch weiter. Diesmal war das Geräusch an der Tür nicht zu überhören.

„Passt ja direkt zur Geschichte", sagte der Mensch. Er legte das Buch weg und ging hinaus, um nachzuschauen.

„Seht einmal, was da draußen war", sagte der Mensch, als er wieder hereinkam. Er setzte ein struppiges, nasses Etwas auf den Fußboden, das sich zunächst einmal kräftig schüttelte und dann dreimal nieste. Das könnte eine Katze werden, wenn es trocknet, dachte Novalis.

Er ging schnuppernd näher. Das nasse Etwas nieste wieder und wich vor Novalis zurück.
„Kommst du vom Christkind?“, fragte Novalis.
„Kenn ich nicht“, sagte das Nasse. „Ich geh am besten wieder.“
„Kommt nicht in Frage“, brummte Novalis. „Du bist mein Weihnachtsgeschenk.“
„Ich koche Fisch für die Katzen“, sagte der Mensch mit der hellen Stimme.
Noch ein Geschenk, staunte Novalis. Nie wieder schimpf ich auf Weihnachten.
Nach einer Weile kam der Mensch mit der hellen Stimme wieder und sagte zu dem Menschen mit der dunklen Stimme: „Hast du schon bemerkt? Im ganzen Haus kann man die Türen nicht mehr zumachen. Sie klemmen oder so was Ähnliches.“
Also gründlich ist es. Das muss man dem Christkind wirklich lassen, dachte Novalis.

Gerhard Polt & Hanns Christian Müller

Nikolausi

Sohn: Nikolausi …
Vater: Hehehe, der Kleine, hehe, nein, das ist nicht Nikolausi, das ist Osterhasi, hehehe hehe.
Sohn: Nikolausi …
Vater: Hehehe, nein, das ist nicht Nikolausi, weißt du, jetzt ist ja Frühling. Es ist ja jetzt nicht mehr Winter, hehehehe.
Sohn: Nikolausi …
Vater: He, nein, he, das ist Osterhasi, weißt du, Osterhasi mit den Öhrli, hehehe, der bringt Gaggi für das Bubele, hehehehe, jaja.
Sohn: Nikolausi …
Vater: He, nein, also nein, nein, weißt du, das handelt sich hier nicht um, äh, um, um Nikolausi, das ist Osterhasi, net das ist ein Osterhasi, kein Nikolausi, gell?

Sohn: Nikolausi …
Vater: Ja also, nein, jetz hör doch mal zu, net, wenn ichs dir scho sag, das ist, es handelt sich hier nicht um ein Nikolausi, sondern um ein Osterhasi, net. Jetzt sieh das doch endlich mal ein.
Sohn: Nikolausi …
Vater: Ja also, ja Rotzbub frecher, ja wie soll ichs dir denn noch erklären, also sowas nein, gleich schmier ich dir eine, net.
Sohn: Nikolausi …
Vater: Ja Herrschaftszeitenmalefitz, jetzt widerspricht er ständig, net. Jetzt jetzt hör doch amal zu, wenn ich schon sag äh äh Nik … äh O … ähäh, das ist Osterhasi, net …
Sohn: Nikolausi …
Vater: Na, das ist kein Nikolausi, net, jetzt, also, wenn einer mal sich in einen Gedanken förmlich hineinverrennt, dann ist er ja wie vernagelt, net.

Sohn: Nikolausi …
Vater: *schreit* Ja, also so, ja also du Rotzbub, net, das ist ein Osterhasi, das ist kein Nikolausi, Osterhasi, verstanden, O-ster-ha-si!!!
Sohn: Nikolausi …

Quellenverzeichnis

Nicole Franz, Um Himmels willen. Eine Weihnachtsgeschichte
© bei der Autorin

Frantz Wittkamp, Einnachten, Zweinachten
© beim Autor

Wladimir Kaminer, Der Supermann
© beim Autor

Christine Nöstlinger, Advent, Advent …
aus: Christine Nöstlinger, Fröhliche Weihnachten, liebes Christkind!
© Patmos Verlag GmbH & Co. KG / Sauerländer, Düsseldorf

Christoph Drösser, Der Weihnachtsmann bringt die Geschenke, stimmt's?
aus: Die Zeit, 26.12.1997, © beim Autor

Erich Fried, Drei Wünsche
aus: Erich Fried, Das Nahe suchen
© Verlag Klaus Wagenbach, Berlin 1982

Judith Pinnow, Das Weihnachtsessen
© bei der Autorin

Jürgen Spohn, Schicksal
© bei Barbara Spohn

Quellenverzeichnis

Erich Kästner, Interview mit dem Weihnachtsmann
© Atrium Verlag, Zürich, und Thomas Kästner

Erich Kästner, Der Weihnachtsabend des Kellners
aus: Erich Kästner, Doktor Erich Kästners Lyrische Hausapotheke
© Atrium Verlag, Zürich, und Thomas Kästner

Andreas Sticklies, Es gibt keinen Weihnachtsmann
© beim Autor

Heinz Erhardt, Winter
aus: Heinz Erhardt, Das große Heinz Erhardt-Buch
© Lappan Verlag, Oldenburg

Edith Schreiber-Wicke, Weihnachtspost
© bei der Autorin

Gerhart Polt & Hanns Christian Müller, Nikolausi
aus: Gerhard Polt, Circus Maximus
© 2002 KEIN & ABER AG Zürich

Wir danken den Autoren und Verlagen für die freundliche Abdruckgenehmigung. Sollte es dem Verlag trotz intensiver Nachforschungen nicht gelungen sein, die Inhaber der Textrechte zu ermitteln, bleiben berechtigte Honoraransprüche erhalten.